W0198160

I ♥ SNACKS

Christin Geweke

I  SNACKS

Fotos von Frauke Antholz

Hölker Verlag

•INHALT•

• EARLY BIRD •

SNACKS FÜR FRÜHAUFSTEHER

8
PANCAKES MIT
ERDBEEREN, QUARK UND VANILLE

10
QUARKHÖRNCHEN MIT MOZZARELLA
UND SPECK

12
KÄSE-MANDEL-SCONES

14
MÜSLIRIEGEL

16
HAFERFLOCKENKEKSE
MIT KOKOS UND MANDELN

18
GEBACKENE
APFELRINGE

20
SÜSSE GRISSINI
MIT HIMBEERDIP

22
KANDIERTE ESPRESSO-MANDELN

24
KOKOS-LIMETTEN-KUGELN

26
DOUBLE CHOCOLATE
BROWNIE BITES

PANCAKES MIT ERDBEEREN, QUARK UND VANILLE

Für den Teig:

2 Eier (Größe L)

125 g Mehl

25 g Zucker

1 Pck. Bourbon-Vanillezucker

2 TL Backpulver

20 g Butter

240 ml Buttermilch

1 Prise Salz

Für den Erdbeer-Vanille-Quark:

350 g Erdbeeren

3 Stängel Minze

½ Bio-Zitrone

1 Vanilleschote

200 g Sahne

250 g Magerquark

35 g Zucker

Außerdem:

Butter zum Ausbacken

Ahornsirup zum Beträufeln

1 Für den Teig die Eier trennen. Mehl, Zucker, Vanillezucker und Backpulver in einer Schüssel vermengen und in der Mitte eine Mulde formen. Die Butter zerlassen, mit den Eigelben und der Buttermilch in die Mulde geben und alles zu einem glatten Teig verrühren. Die Eiweiße mit dem Salz steif schlagen und behutsam unterheben. Den Teig ca. 20 Minuten quellen lassen.

2 Inzwischen die Erdbeeren vorsichtig waschen, putzen und bis auf sieben Stück fein würfeln. Die Minze abbrausen, trocken schütteln und die Blättchen in Streifen schneiden. Die Zitronenhälfte heiß abwaschen, trocken tupfen und 2 TL Schale abreiben. Die Vanilleschote aufschlitzen und das Mark auskratzen. Die Sahne steif schlagen. Den Quark mit Zucker und Vanillemark verrühren und die Sahne unterheben. Dann gewürfelte Erdbeeren, Minze, Zitronenabrieb und 1 Spritzer ausgepressten Saft vorsichtig untermengen.

3 Den Backofen auf 70 °C vorheizen. Etwas Butter bei mittlerer Temperatur in einer Pfanne erhitzen. Je 2–3 kleine Kellen Teig auf einmal hineingeben, die Pancakes nach ca. 2 Minuten wenden und in 1 weiterer Minute auch von der anderen Seite goldbraun backen. Mit dem restlichen Teig ebenso verfahren. Die fertig gebackenen Pancakes im Ofen warm halten.

4 Die ganzen Erdbeeren in Scheiben schneiden. Die Pancakes auf Tellern mit je einem großzügigen Klecks Erdbeerquark anrichten. Mit Erdbeerscheiben garnieren und mit Ahornsirup beträufeln.

QUARKHÖRNCHEN MIT MOZZARELLA UND SPECK

FÜR 10–12 HÖRNCHEN

Für den Teig:

125 g Quark (20% Fett)

75 ml Milch

50 ml Rapsöl

½ TL Zucker

250 g Mehl

1,5 TL Backpulver

½ TL Salz

1 TL getrockneter Oregano

½ TL Paprikapulver (edelsüß)

Für die Füllung:

1 kleine Frühlingszwiebel

40 g geriebener Mozzarella

40 g Speckwürfel

frisch gemahlener Pfeffer

Außerdem:

Mehl für die Arbeitsfläche

1 Eigelb, mit etwas Milch verquirlt

1 Für den Teig Quark mit Milch, Öl und Zucker verrühren. Mehl mit Backpulver, Salz, Oregano und Paprikapulver vermengen und zur Quarkmasse geben. Alles zu einem glatten Teig verkneten. Sollte er zu klebrig sein, mehr Mehl einarbeiten. Sollte er zu trocken sein, etwas Milch zugeben.

2 Für die Füllung die Frühlingszwiebel putzen, waschen und in feine Ringe schneiden.

3 Den Backofen auf 180 °C vorheizen und ein Blech mit Backpapier auslegen. Den Teig auf der bemehlten Arbeitsfläche 3–4 mm dick ausrollen, dann in Dreiecke (ca. 10 x 14 x 14 cm) schneiden. Die unteren schmalen Seiten mit etwas Mozzarella, Speck und Frühlingszwiebel bestreuen (je 1–2 TL) und mit Pfeffer würzen. Die Dreiecke aufrollen und zu Hörnchen formen, dabei die Spitzen gut am Boden andrücken. Die Hörnchen auf dem Blech verteilen und mit der verquirlten Eigelbmischung bepinseln. In ca. 20 Minuten goldbraun backen. Am besten lauwarm genießen.

KÄSE-MANDEL-SCONES

FÜR 4 SCONES

130 g Mehl

30 g blanchierte gemahlene Mandeln

1,5 TL Backpulver

1 TL getrockneter Thymian

¼ TL Salz

1 Prise Cayennepfeffer

50 g kalte Butter

75 ml Buttermilch

50 g geriebener Parmesan

30 g Mandelstifte

Außerdem:

Mehl für die Arbeitsfläche

1 Eigelb, mit 1 EL Buttermilch verquirlt

1 Den Backofen auf 190 °C vorheizen. Mehl, gemahlene Mandeln, Backpulver, Thymian, Salz und Cayennepfeffer in einer Schüssel vermengen. Die kalte Butter in Stücken zugeben und mit der Mehlmischung krümelig reiben. Dann die Buttermilch zufügen und alles glatt kneten. Parmesan und Mandelstifte unter den Teig mischen.

2 Den Teig auf der leicht bemehlten Arbeitsfläche ca. 2 cm dick ausrollen oder mit den Händen gleichmäßig flach drücken. Daraus mit einem Glas (ø 6–7 cm) Scones ausstechen. Die Scones auf einem mit Backpapier ausgelegten Blech verteilen und mit der Eigelb-Buttermilch-Mischung bepinseln. Dann in ca. 13 Minuten im Ofen goldbraun backen. Am besten lauwarm genießen.

· TIPP ·

Wer mag, bereitet gleich die doppelte Menge zu und friert die Hälfte des Teigs vor dem Backen ein.

MÜSLIRIEGEL

FÜR CA. 12 RIEGEL

40 g Haselnusskerne

40 g Cashewkerne

40 g Zartbitterschokolade

40 g Marzipanrohmasse

40 g zarte Haferflocken

1 EL gehackte Pistazienkerne

1 EL Sonnenblumenkerne

100 g weiche Butter

75 g brauner Zucker

1 Ei

180 g Mehl

1 TL Bio-Orangenabrieb

1 Prise Salz

Außerdem:

70 g Puderzucker

2–3 EL Orangensaft

1 Haselnüsse und Cashews fein hacken. Zartbitterschokolade und Marzipan fein raspeln. Alle vier vorbereiteten Zutaten mit Haferflocken, Pistazien und Sonnenblumenkernen vermischen und beiseitestellen.

2 Die Butter mit dem Zucker hellcremig rühren, dann das Ei untermischen. Mehl mit Orangenabrieb und Salz vermengen und zügig unter die Buttermasse rühren. Die beiseitegestellte Nussmischung zugeben und ebenfalls rasch untermengen. Den Teig zu einer Kugel formen, in Frischhaltefolie wickeln und mindestens 30 Minuten in den Kühlschrank stellen.

3 Den Backofen auf 180 °C vorheizen. Den Teig auf einem Bogen Backpapier zu einem ca. 22 cm großen Quadrat (ca. 1,5 cm dick) ausrollen, an den Seiten begradigen. Den Teig mit dem Backpapier auf ein Backblech ziehen und 20–22 Minuten backen. Anschließend kurz abkühlen lassen.

4 Puderzucker mit Orangensaft verrühren und den warmen Teig damit dünn bestreichen. Alles abkühlen lassen und den Teig mit einem scharfen Messer in einzelne Riegel schneiden.

HAFERFLOCKENKEKSE MIT KOKOS UND MANDELN

FÜR CA. 24 KEKSE

100 g weiche Butter

100 g Kokosblütenzucker
(alternativ brauner Zucker)

1 Ei

1 EL Mandelmus

100 g Mehl

1 TL Backpulver

¼ TL gemahlener Zimt

1 Prise Salz

100 g zarte Haferflocken

50 g fein gehackte Mandeln

40 g Kokosraspel

1 Butter und Zucker in einer Schüssel cremig rühren. Das Ei mit dem Mandelmus untermischen. In einer anderen Schüssel Mehl, Backpulver, Zimt und Salz vermengen. Die Mehlmischung unter die Buttermasse rühren. Dann Haferflocken, Mandeln und Kokosraspel untermengen. Den Teig abgedeckt ca. 30 Minuten kalt stellen.

2 Den Backofen auf 180 °C vorheizen und ein Backblech mit Backpapier auslegen. Jeweils 1 gehäuften Teelöffel Teig am besten mit leicht angefeuchteten Händen zu einer Kugel formen und auf das Blech setzen. Ein wenig flach drücken. Zwischen den Teigkugeln genügend Abstand lassen, da sie etwas auseinanderlaufen.

3 Das Blech in den Ofen schieben und die Kekse in 15–17 Minuten goldbraun backen. Sie erscheinen dann noch etwas weich, härten aber noch nach. Auf einem Kuchengitter auskühlen lassen.

GEBACKENE APFELRINGE

FÜR CA. 12 RINGE

½ Bio-Zitrone

75 g Weizenmehl

75 ml Milch

1 Ei (Größe L)

2 Pck. Bourbon-Vanillezucker

1 Prise Salz

2 große Äpfel

2 EL brauner Zucker

1 TL gemahlener Zimt

Außerdem:

Pflanzenöl zum Braten

Mehl zum Wenden

Vanilleeis zum Servieren
nach Belieben

1 Die Zitronenhälfte heiß abwaschen, trocken tupfen, die Schale fein abreiben und den Saft auspressen. Mehl mit Milch, Ei, Vanillezucker, Salz und Zitronenabrieb zu einem glatten Teig verrühren.

2 Die Äpfel schälen, das Kerngehäuse mit einem Apfelausstecher ausstechen und die Früchte in 1 cm dicke Scheiben schneiden. Diese sofort mit Zitronensaft beträufeln. In einem kleinen Schälchen braunen Zucker und Zimt mischen.

3 Das Pflanzenöl ca. 1,5 cm hoch in einer hohen Pfanne oder einem Topf erhitzen. Sobald an einem hineingetauchten Holzlöffelstiel sofort Blasen aufsteigen, ist das Öl heiß genug. Etwas Mehl auf einen tiefen Teller geben und die Apfelscheiben darin wenden, überschüssiges Mehl abklopfen. Dann die Scheiben durch den Teig ziehen und portionsweise (nicht mehr als drei Ringe auf einmal) im nicht zu heißen Fett goldbraun backen. Das dauert ca. 30 Sekunden pro Seite.

4 Anschließend auf Küchenpapier entfetten und die Apfelringe sofort mit dem Zimtzucker bestreuen. Am besten lauwarm mit einer Kugel Vanilleeis servieren.

SÜSSE GRISSINI
MIT HIMBEERDIP

FÜR 10–12 GRISSINI

Für den Teig:

180 g Mehl

50 g gemahlene Mandeln

20 g Zucker

1 Pck. Bourbon-Vanillezucker

8 g frische Hefe

70 ml lauwarme Milch

50 g Butter

1 Prise Salz

1 Eiweiß

Für das Topping:

100 g weiße Kuvertüre

kleine Zuckerperlen zum Verzieren nach Belieben (alternativ gehackte Pistazienkerne)

Für den Dip:

300 g TK-Himbeeren

30 g Zucker

1 Pck. Bourbon-Vanillezucker

30 ml Orangensaft

2 TL Speisestärke

Außerdem:

Mehl für die Arbeitsfläche

Milch zum Bepinseln

1 Für den Teig Mehl, Mandeln, Zucker und Vanillezucker in einer Schüssel vermengen und eine Mulde formen. Die zerbröselte Hefe in der lauwarmen Milch auflösen und in die Mulde gießen. Mit etwas Mehlmischung vom Rand verrühren und den Vorteig abgedeckt 20 Minuten gehen lassen. Die Butter zerlassen und abkühlen lassen. Dann mit Salz und Eiweiß zum Vorteig geben und alles in ca. 5 Minuten geschmeidig kneten. Die Schüssel mit Frischhaltefolie abdecken und den Teig ca. 1 Stunde gehen lassen.

2 Den Teig auf der leicht bemehlten Arbeitsfläche erneut durchkneten und in 30–35 g schwere Teigstücke abwiegen. Die Teigstücke zu kleinen Kugeln formen und dann zu ca. 30 cm langen dünnen Stangen rollen.

3 Den Backofen auf 200 °C vorheizen und eine Schale mit Wasser auf den Boden des Ofens stellen. Durch den aufsteigenden Dampf werden die Grissini schön knusprig. Ein Backblech mit Backpapier auslegen und die Grissini darauf mit etwas Abstand verteilen. Mit Milch bepinseln und in ca. 15 Minuten goldbraun backen, nach ca. 7 Minuten die Schale mit Wasser entfernen. Die Grissini anschließend komplett auskühlen lassen.

4 Für das Topping die weiße Kuvertüre schmelzen und jeweils eine Seite der Grissini damit überziehen. Etwas abtropfen lassen und nach Belieben mit den Zuckerperlen dekorieren.

5 Für den Dip die Himbeeren unaufgetaut mit Zucker, Vanillezucker und Orangensaft in einem kleinen Topf erhitzen. Die Stärke mit 2 EL kaltem Wasser glatt rühren und ebenfalls in den Topf geben. Alles aufkochen und ca. 5 Minuten unter häufigem Rühren köcheln lassen. Die Himbeeren pürieren und durch ein feines Sieb passieren. Zu den Grissini servieren.

KANDIERTE
ESPRESSO-MANDELN

FÜR 200 GRAMM

100 g brauner Zucker

1 Pck. Bourbon-Vanillezucker

1 EL lösliches Instant-Espressopulver

200 g ganze Mandeln

½ TL gemahlener Zimt

1 Prise Salz

1 In einer großen Pfanne Zucker und Vanillezucker mit 3 EL Wasser erhitzen, bis der Zucker beginnt zu schmelzen. Inzwischen das Espressopulver in 50 ml Wasser auflösen. Dann die Mandeln mit Espresso, Zimt und Salz zugeben und alles unter häufigem Rühren bei mittlerer Temperatur ca. 10 Minuten köcheln lassen. Die Pfanne vom Herd ziehen und die karamellisierten Mandeln nebeneinander auf Backpapier ausbreiten, dann sofort mit einem Holzlöffel voneinander trennen.

2 Die Mandeln komplett auskühlen lassen und entweder gleich genießen oder in einer luftdicht verschlossenen Dose aufbewahren.

KOKOS-LIMETTEN-KUGELN

FÜR 12–16 KUGELN

65 g Kokosöl

1 Bio-Limette

80 g blanchierte Mandeln

150 g Kokosraspel

80 g Honig

1 Pck. Bourbon-Vanillezucker

2 EL Mandelmus

Außerdem:

leistungsstarker Mixer

Kokosraspel zum Wälzen

1 Das Kokosöl in einem kleinen Topf bei niedriger Temperatur zerlassen. Die Limette heiß abwaschen, trocken tupfen, die Schale abreiben und die Frucht auspressen. Die Mandeln mit Kokosraspeln, Honig, Vanillezucker, Mandelmus, zerlassenem Kokosöl, Limettensaft und -abrieb in einen leistungsstarken Mixer geben und zu einer homogenen Masse zerkleinern. Dabei zwischendurch immer wieder den Mixer anhalten und die Kokosmasse mit einem Teigschaber nach unten schieben.

2 Die Hände mit kaltem Wasser befeuchten und die Kokosmasse zu mundgerechten Kugeln rollen. Einen kleinen tiefen Teller mit Kokosraspeln füllen und die Kugeln darin wälzen, bis sie rundum bedeckt sind. Die Kugeln vor dem Verzehr mindestens 45 Minuten kalt stellen. Luftdicht verschlossen und kühl aufbewahrt halten sie sich 5–7 Tage.

DOUBLE CHOCOLATE BROWNIE BITES

FÜR 1 QUADRATISCHE BACKFORM
(CA. 24 CM)

200 g Zartbitterschokolade

150 g Butter

130 g Mehl

1,5 EL Kakaopulver

5 Eier

160 g Zucker

3 EL frisch gebrühter Kaffee,
abgekühlt

Mark von 1 Vanilleschote

1 Prise Salz

80 g kleine Vollmilchschokoladendrops oder Chocolate Chunks
(alternativ klein gehackte Vollmilchschokolade)

Außerdem:
Kakaopulver zum Bestäuben

1 Den Backofen auf 180 °C vorheizen. Die Backform sorgfältig mit Backpapier auslegen.

2 Die Zartbitterschokolade in Stücke brechen und mit der Butter unter gelegentlichem Rühren über dem nicht allzu heißen Wasserbad schmelzen, anschließend abkühlen lassen. Mehl mit Kakao mischen.

3 Eier und Zucker schaumig schlagen. Kaffee, Vanillemark und Salz untermischen. Anschließend zunächst die Schokoladenmischung, dann die Mehlmischung nach und nach unterrühren. Die Schokoladendrops oder Chocolate Chunks unterheben. Den Teig gleichmäßig in die Form füllen, glatt streichen und 25–28 Minuten backen. Er sollte innen noch leicht feucht sein.

4 Den Brownie anschließend etwas abkühlen lassen und aus der Form heben. Mit Kakaopulver bestäuben und in kleine Häppchen schneiden. Am besten noch lauwarm und nach Belieben mit kleinen Zahnstochern servieren.

· OFFICE FOOD ·

KLEINIGKEITEN FÜRS BÜRO

TOMATEN-CANTUCCINI

FÜR CA. 22 CANTUCCINI

50 g getrocknete Tomaten in Öl

80 g Parmesan

4 EL Pesto Rosso (Glas)

3 EL Olivenöl

250 g Mehl

1 TL Backpulver

½ TL Salz

½ TL Paprikapulver (edelsüß)

1 Prise Cayennepfeffer (ersatzweise Chilipulver)

2 Eier

100 g gemahlene Mandeln

100 g blanchierte ganze Mandeln

Außerdem:

leistungsstarker Mixer

Mehl für die Arbeitsfläche

1 Getrocknete Tomaten und Parmesan zerkleinern. Beides mit Pesto Rosso und Olivenöl in einem Mixer fein pürieren.

2 In einer Schüssel Mehl mit Backpulver, Salz, Paprikapulver und Cayennepfeffer vermengen. Eier, gemahlene Mandeln und Tomaten-Pesto-Mischung zugeben und alles zu einem homogenen Teig verarbeiten. Die ganzen Mandeln untermengen. Den Teig auf der leicht bemehlten Arbeitsfläche von Hand noch einmal durchkneten, dann in zwei gleich große Portionen teilen und diese zu ca. 20 cm langen Rollen formen. Die Teigrollen jeweils in Frischhaltefolie wickeln und mindestens 30 Minuten kalt stellen.

3 Den Backofen auf 165 °C vorheizen, ein Backblech mit Backpapier auslegen. Die Teigrollen darauflegen und ca. 30 Minuten backen. Anschließend kurz abkühlen lassen und dann leicht schräg mit einem scharfen Messer in ca. 1,5 cm dicke Scheiben schneiden. Die Scheiben mit den Schnittflächen nach unten dicht an dicht auf dem Blech verteilen und bei 125 °C in weiteren 30 Minuten im Ofen trocknen. Die Cantuccini auskühlen lassen.

TRAMEZZINI MIT GRILLGEMÜSE

FÜR 4 TRAMEZZINI

½ Aubergine

Salz

1 kleine Zucchini

1 große rote Paprikaschote

1 große gelbe Paprikaschote

1 Knoblauchzehe

3 EL Olivenöl

frisch gemahlener Pfeffer

½ TL Honig nach Belieben

200 g Büffelmozzarella (1,5 Kugeln)

4 Stängel Basilikum

8 große Scheiben Toastbrot

4 geh. EL grünes Pesto (Glas)

Außerdem:

Olivenöl zum Braten

1 Den Backofen auf 240 °C mit zugeschalteter Grillfunktion vorheizen. Die halbe Aubergine waschen, putzen und in 5 mm dünne Scheiben schneiden. Die Scheiben salzen und in einem Sieb Wasser ziehen lassen. Die Zucchini ebenfalls waschen, putzen und in dünne Scheiben schneiden. Die Paprika halbieren, von Stielansätzen, Samen und Scheidewänden befreien und mit der Hautseite nach oben auf ein Backblech legen. Die Paprika im heißen Ofen auf der obersten Schiene rösten, bis die Haut schwarz wird und Blasen wirft.

2 Inzwischen den Knoblauch schälen und durch die Presse drücken. Olivenöl mit Knoblauch, Salz, Pfeffer und nach Belieben Honig verrühren und die trocken getupften Auberginen- und Zucchinischeiben damit von beiden Seiten dünn bepinseln. Die Paprika aus dem Ofen nehmen, in eine Schüssel geben und diese luftdicht verschließen. Die Ofentemperatur auf 220 °C reduzieren. Auberginen- und Zucchinischeiben nebeneinander auf dem Blech verteilen und unter einmaligem Wenden im heißen Ofen goldbraun rösten. Das dauert 15–20 Minuten.

3 Mozzarella in dünne Scheiben schneiden, Basilikum abbrausen, trocken schütteln und die Blättchen abzupfen. Die Paprika häuten und in mundgerechte Stücke schneiden. Die Toastscheiben mit je ½ EL Pesto bestreichen. Dann vier Scheiben mit Mozzarella, Basilikum und Paprika belegen. Aubergine und Zucchini aus dem Ofen nehmen und darauf verteilen. Die restlichen Toastscheiben mit der bestrichenen Seite nach unten obenauf legen und gut andrücken.

4 Eine Grillpfanne (alternativ eine normale Pfanne) erhitzen, dünn mit Olivenöl ausstreichen und je zwei Tramezzini auf einmal in 2–3 Minuten pro Seite goldbraun und knusprig rösten. Die Tramezzini diagonal halbieren und am besten noch warm servieren.

REISWAFFEL-LACHS-BURGER MIT ZUCCHINI-PICKLES

FÜR 4 BURGER

Für die Pickles:

30 g Salz

50 ml heißes Wasser

2 kleine Zucchini

1 Schalotte

600 ml eiskaltes Wasser

400 ml Kräuteressig

200 g Zucker

½ EL gelbe Senfsamen

1 TL schwarze Pfefferkörner

Für die Burger:

4 Eichblattsalatblätter

4 Stängel Dill

8 Reiswaffeln

8 EL Frischkäse

4 Scheiben Räucherlachs

Abrieb von ½ Bio-Zitrone

Salz

frisch gemahlener Pfeffer

Außerdem:

1 großes oder 2 kleine sterilisierte Schraubdeckelgläser

1 Für die Pickles am besten am Vortag das Salz unter Rühren in dem heißen Wasser auflösen. Abkühlen lassen. Die Zucchini waschen, putzen, quer halbieren und dann längs in möglichst dünne Streifen schneiden. Die Schalotte schälen und in Ringe schneiden. Die Zucchinistreifen in eine Schüssel geben und mit dem Eiswasser übergießen. Schalotte und Salzwasser zugeben, alles verrühren und 1 Stunde stehen lassen. Dabei gelegentlich umrühren.

2 Inzwischen Essig, Zucker, Senfsamen und Pfefferkörner in einem kleinen Topf erhitzen und 5 Minuten köcheln lassen. Vom Herd nehmen und abkühlen lassen. Die Zucchini-Schalotten-Mischung in ein Sieb abgießen und dann zurück in die Schüssel geben. Vorsichtig mit dem Essigsud verrühren. Die Pickles mindestens 6 Stunden, besser über Nacht, abgedeckt kalt stellen. Anschließend in ein großes oder zwei kleinere sterilisierte Schraubgläser füllen, sodass die Pickles vollständig mit Flüssigkeit bedeckt sind. Die Gläser gut verschließen und die Pickles kühl lagern.

3 Für die Burger die Salatblätter waschen, putzen und trocken tupfen, dann auf Größe der Reiswaffeln zurechtzupfen. Den Dill abbrausen, trocken schütteln und die Spitzen abzupfen. Jede Reiswaffel mit 1 EL Frischkäse bestreichen. Vier Waffeln mit je 1 Salatblatt, 1 Scheibe Räucherlachs und ein paar Dillspitzen belegen, mit etwas Zitronenabrieb bestreuen und mit Salz und Pfeffer würzen. Je drei Zucchini-Pickles und Schalottenringe darauflegen und die restlichen Reiswaffeln mit der bestrichenen Seite nach unten obenauf setzen.

WINDBEUTEL MIT GRÜNEM SPARGEL

FÜR 20–24 WINDBEUTEL

Für den Brandteig:

125 g Butter

½ TL Salz

180 g Mehl

1 Prise Zucker

5 Eier

1 gestr. TL Backpulver

Für die Füllung:

10 Stangen grüner Spargel

Salz

2 Frühlingszwiebeln

100 g Speckwürfel

2 TL Olivenöl

½ Bio-Zitrone

200 g Frischkäse

200 g Schmand

5 Stängel Schnittlauch

3 Stängel Petersilie

frisch gemahlener Pfeffer

Chiliflocken

Außerdem:

30 g Parmesan nach Belieben

1 Für den Teig 250 ml Wasser mit Butter und Salz in einen Topf geben und zum Kochen bringen. Mehl und Zucker vermengen und auf einmal unter stetigem Rühren in die kochende Buttermischung geben. Den Teig so lange rühren, bis er sich als schwerer Kloß vom Topfboden löst.

2 Den Backofen auf 200 °C vorheizen, zwei Bleche mit Backpapier auslegen. Den heißen Teigkloß in eine Schüssel geben und mit einem Ei verrühren. Kurz ruhen lassen, dann nach und nach die übrigen Eier unterrühren, bis ein zäher Teig entstanden ist. Zuletzt das Backpulver untermischen. Den Teig in zwei Portionen in einen Spritzbeutel mit Sterntülle füllen und als kleine Häufchen (ø ca. 5 cm) mit genügend Abstand zueinander auf die Bleche spritzen. Die Windbeutel nacheinander in 22–24 Minuten goldbraun backen. (Währenddessen die Ofentür nicht öffnen und die Windbeutel auch nicht zu kurz backen, sonst fallen sie nach dem Backen zusammen.) Auf einem Kuchengitter vollständig auskühlen lassen. Anschließend halbieren.

3 Für die Füllung den Spargel putzen und in Stücke schneiden. In Salzwasser bei mittlerer Hitze 10–15 Minuten weich garen. Die Frühlingszwiebeln putzen und in feine Ringe schneiden. Die Speckwürfel in einer Pfanne im Olivenöl knusprig braten, die Frühlingszwiebeln kurz mitdünsten. Die Zitronenhälfte heiß abwaschen, trocken tupfen und die Schale fein abreiben. Den Spargel bis auf die Spitzen mit Frischkäse und Schmand fein pürieren. Die Kräuter abbrausen, trocken schütteln und fein hacken. Kräuter, Zitronenabrieb und Speck-Frühlingszwiebel-Mischung unter die Spargelcreme mischen und alles mit Salz, Pfeffer und Chiliflocken abschmecken.

4 Die Windbeutel mit der Spargelcreme füllen. Die Spitzen klein schneiden, den Parmesan hobeln, beides auf die Creme streuen und die Deckel obenauf setzen.

ZIEGENKÄSE-TARTELETTES MIT BALSAMICO-ZWIEBELN

FÜR 7 TARTELETTES (Ø 10 CM)

Für den Teig:

175 g Mehl

75 g gemahlene Mandeln

¼ TL Salz

100 g kalte Butter

1 Ei (Größe L)

Für die Füllung:

160 g Ziegenfrischkäse

3 Eier (Größe L)

Salz

frisch gemahlener Pfeffer

1 TL getrockneter Thymian

Für die Balsamico-Zwiebeln:

1 große rote Zwiebel

1 EL Olivenöl

2 TL brauner Zucker

1 EL Balsamicoessig

Außerdem:

7 Tartelettesförmchen

weiche Butter und Mehl
für die Förmchen

Mehl für die Arbeitsfläche

7 Walnusskernhälften

1 Für den Teig Mehl, Mandeln und Salz vermengen. Die kalte Butter in Stücken mit den Händen einarbeiten, sodass ein krümeliger Teig entsteht. Dann das Ei und nach Bedarf teelöffelweise kaltes Wasser zufügen und alles zu einem glatten Teig verkneten. Den Teig zu einer Kugel formen und abgedeckt 30 Minuten kalt stellen. Die Tartelettesförmchen fetten und mit Mehl ausstäuben, überschüssiges Mehl herausklopfen.

2 Für die Füllung den Ziegenfrischkäse in eine Schüssel geben und mit den Eiern verrühren. Etwas Salz und Pfeffer und den Thymian untermischen.

3 Den Backofen auf 200 °C vorheizen. Den Teig ca. 4 mm dick auf der leicht bemehlten Arbeitsfläche ausrollen und mit einem Förmchen daraus Kreise ausstechen. Die Teigkreise in die Förmchen legen und an den Böden und Rändern gut andrücken. Dann die Füllung (nicht ganz bis unter den Rand) hineingeben und die Tartelettes auf der unteren Schiene in 22–24 Minuten goldbraun backen.

4 Inzwischen für die Balsamico-Zwiebeln die Zwiebel schälen, halbieren und in feine Halbringe schneiden. Das Öl in einer Pfanne erhitzen und die Zwiebel darin ca. 5 Minuten anschwitzen, bis sie etwas Farbe bekommen hat. Dann den Zucker darüberstreuen, kurz karamellisieren lassen und alles mit Balsamico ablöschen. Den Essig 5 Minuten reduzieren lassen. Die Zwiebeln aus der Pfanne nehmen und die Walnüsse darin kurz von beiden Seiten anrösten.

5 Die fertigen Tartelettes etwas abkühlen lassen, dann aus den Förmchen lösen und mit den Balsamico-Zwiebeln und den Walnüssen garnieren.

TUNA MUFFINS

2 Dosen Thunfisch im eigenen Saft
(à 150 g Abtropfgewicht)

100 g Mais (Dose)

100 g Edamer

300 g Zucchini

1 kleine rote Paprikaschote

6 Stängel Petersilie

1 große Schalotte

4 Eier

3 EL Schmand

Salz

frisch gemahlener Pfeffer

Paprikapulver

Außerdem:

1 Muffinblech mit 12 Mulden

12 Papierförmchen

1 Den Backofen auf 190 °C vorheizen. Die Mulden eines Muffinblechs mit Papierförmchen auslegen. Den Thunfisch in ein Sieb geben, mit einer Gabel auseinanderzupfen und gut abtropfen lassen, den Mais ebenfalls abtropfen lassen. Den Edamer grob reiben. Die Zucchini schälen, die Enden entfernen und das Fruchtfleisch möglichst fein würfeln. Die Paprika waschen, putzen, von Stielansatz, Samen und Scheidewänden befreien und ebenfalls fein würfeln. Die Petersilie abbrausen, trocken schütteln und die Blättchen fein hacken. Die Schalotte schälen und klein würfeln.

2 Thunfisch und Mais mit Edamer, Zucchini, Paprika, Petersilie, Schalotte, Eiern und Schmand vermischen. Mit Salz, Pfeffer und Paprikapulver kräftig würzen. Die Thunfischmasse auf die Papierförmchen verteilen und in ca. 30 Minuten goldbraun backen. Nach Belieben in der letzten Minute die Grillfunktion zuschalten, damit die Oberfläche schön Farbe bekommt. Aus dem Ofen nehmen und etwas abkühlen lassen. Dann aus den Mulden lösen. Warm oder kalt servieren.

POLENTA-KRÄUTER-SCHNITTEN

FÜR 4 PORTIONEN

2 kleine Zweige Rosmarin

4 Zweige Thymian

300 ml Gemüsebrühe

3 EL Butter

Salz

150 g Polenta

20 g geriebener Parmesan

frisch geriebene Muskatnuss

frisch gemahlener Pfeffer

Außerdem:

Öl für das Blech

Sour Cream zum Dippen nach Belieben

1 Rosmarin und Thymian abbrausen, trocken schütteln und die Nadeln bzw. Blättchen fein hacken. Gemüsebrühe, 300 ml Wasser, 1 EL Butter und ¼ TL Salz in einem Topf aufkochen. Polenta unter Rühren langsam einrieseln lassen und aufkochen. Ca. 6 Minuten bei sehr schwacher Hitze unter ständigem Rühren quellen lassen. Parmesan und gehackte Kräuter einrühren und die Masse mit Muskat, Salz und Pfeffer abschmecken. Anschließend ca. 1,5 cm dick zu einem Quadrat (ca. 22 x 22 cm) auf ein geöltes Backblech streichen. Ca. 1 Stunde auskühlen lassen.

2 Die Polenta in kleine Dreiecke schneiden. Die restliche Butter in zwei Portionen in einer beschichteten Pfanne erhitzen. Die Polentaschnitten darin unter Wenden goldbraun braten. Nach Belieben mit Sour Cream zum Dippen servieren.

GEMÜSE-SAMOSAS MIT MANGO-CHUTNEY

FÜR 8 SAMOSAS

Für die Gemüse-Samosas:

250 g Kartoffeln

Salz, Pfeffer

100 g Blumenkohl

75 g Kichererbsen (Dose), abgetropft

1 rote Zwiebel

1 EL Ghee (alternativ Pflanzenöl)

Je 1,5 TL gemahlene Kurkuma, Kreuzkümmel und Currypulver

¼ TL gemahlener Bockshornklee

1 Prise gemahlener Zimt

250 g Mehl

150 ml kaltes Wasser

Für das Mango-Chutney:

1 große rote Zwiebel

1 Stück Ingwer (ca. 3 cm)

2 Mangos (à ca. 450 g)

Saft von 1 großen Limette

1 EL Weißweinessig

2 geh. EL brauner Zucker

½ TL Currypulver

Salz, Pfeffer

Außerdem:

Mehl für die Arbeitsfläche

1 l Pflanzenöl zum Frittieren

1 Für die Samosas die Kartoffeln schälen, waschen und in maximal 1 cm große Würfel schneiden. In einem kleinen Topf in Salzwasser zugedeckt in ca. 8 Minuten garen. Den Blumenkohl putzen und in sehr kleine Röschen teilen. Nach 6 Minuten Garzeit zu den Kartoffeln geben und mit weich köcheln. Kichererbsen abgießen und kurz abspülen. Kartoffeln und Blumenkohl ebenfalls abgießen.

2 Die Zwiebel schälen und fein würfeln. Ghee in einer Pfanne erhitzen und die Zwiebel darin ein paar Minuten anbraten. Die Gewürze zugeben und kurz anrösten. Dann das Kartoffel-Gemüse mit etwas Wasser unterrühren. Mit Salz und Pfeffer abschmecken und abkühlen lassen.

3 Mehl, ½ TL Salz und kaltes Wasser zu einem homogenen Teig verkneten, in Frischhaltefolie wickeln und 30 Minuten bei Zimmertemperatur ruhen lassen.

4 Für das Mango-Chutney Zwiebel und Ingwer schälen. Die Zwiebel fein würfeln, den Ingwer fein reiben. Die Mangos schälen und in 1 cm große Würfel schneiden. Limettensaft, Essig und Zucker in einem Topf erhitzen, bis sich der Zucker aufgelöst hat. Mangos, Zwiebel und Ingwer zugeben. Das Chutney ca. 8 Minuten unter Rühren köcheln lassen, bis es leicht eindickt. Mit Curry, Salz und Pfeffer würzen.

5 Den Teig für die Samosas in acht Portionen (à 45–50 g) teilen und diese auf der leicht bemehlten Arbeitsfläche zu ca. 12 cm großen Quadraten ausrollen. Die Ränder mit etwas Wasser bepinseln, 1,5 EL Füllung in die Mitte geben und zu Dreiecken zusammenklappen. Die Ränder gut andrücken, damit die Füllung beim Frittieren nicht ausläuft.

6 Das Öl in einem Topf auf ca. 175 °C erhitzen. Jeweils zwei Samosas von beiden Seiten goldbraun frittieren. Auf Küchenpapier abtropfen lassen und mit dem Mango-Chutney servieren.

COUSCOUS-FILO-TÖRTCHEN MIT ROTER BETE

FÜR 12 TÖRTCHEN

Für den Couscous:
200 g Couscous
Salz, Pfeffer
ca. 300 ml Orangensaft
40 g Mandelstifte
2 Frühlingszwiebeln
150 g Feta
200 g vorgegarte Rote Bete
4 EL Olivenöl
¼ TL gemahlener Kreuzkümmel

Für die Törtchen:
90 g Butter
9 Filoteigblätter (ca. 220 g)

Für die Joghurtsoße:
¼ Bund glatte Petersilie
300 g griechischer Joghurt
1 EL Orangensaft
1–2 TL Honig
1 Prise Zimt, Chiliflocken,
Salz, Pfeffer

Außerdem:
1 Muffinblech mit 12 Mulden

1 Den Couscous mit ½ TL Salz in einer Schüssel vermengen. Orangensaft in einem Topf aufkochen und über den Couscous gießen und ca. 5 Minuten zugedeckt quellen lassen. Anschließend mit einer Gabel auflockern.

2 Die Mandelstifte in einer Pfanne ohne Fett unter Rühren goldbraun rösten. Die Frühlingszwiebeln putzen und in feine Ringe schneiden. Den Feta zerbröseln. Die Rote Bete in feine Würfel schneiden. Mandeln, Frühlingszwiebeln und Feta mit dem Olivenöl unter den Couscous mischen. Mit Kreuzkümmel, Salz und Pfeffer abschmecken.

3 Die Mulden des Muffinblechs mit Butter fetten. Den Backofen auf 200 °C vorheizen. Für die Törtchen die Butter zerlassen. 1 Filoteigblatt auf der Arbeitsfläche ausbreiten, dünn mit Butter einpinseln und ein zweites Blatt darauflegen. Dieses ebenfalls dünn mit Butter einpinseln und ein drittes Blatt darauflegen. Dann die drei zusammenklebenden Blätter in vier Quadrate schneiden. Je ein dreischichtiges Quadrat in eine Muffinmulde legen und mit 2 EL Couscous füllen. Die überlappenden Enden des Filoteigs mit etwas Butter bepinseln und vorsichtig über die Füllung klappen. Die Oberfläche ebenfalls mit Butter bepinseln. Mit den übrigen Teigblättern ebenso verfahren. Die Filotörtchen im heißen Ofen in 14–18 Minuten goldbraun und knusprig backen.

4 Für die Joghurtsoße die Petersilie waschen, trocken schütteln und die Blättchen hacken. Joghurt mit Orangensaft, Honig, Zimt und Chiliflocken verrühren und mit Salz und Pfeffer abschmecken. Die Petersilie untermischen.

5 Die fertigen Törtchen kurz abkühlen lassen, dann vorsichtig aus den Förmchen lösen. Mit einem Klecks Joghurtsoße garnieren.

BLAUBEER-JOGHURT-PRALINEN

FÜR CA. 50 PRALINEN, JE
NACH GRÖSSE DER HOHLKÖRPER
BZW. PRALINENSCHALEN

140 g TK-Blaubeeren, aufgetaut
(ersatzweise TK-Erdbeeren)

40 g Joghurt

40 g Butter

300 g weiße Kuvertüre

ca. 50 Pralinenhohlkörper oder
-schalen aus Zartbitterschokolade

Außerdem:

ggf. 150 g Zartbitterkuvertüre
zum Verschließen der Hohlkörper

100 g weiße Kuvertüre für die
Deko

1 Die Blaubeeren pürieren und durch ein feines Sieb in eine Metallschüssel streichen, sodass die Beerenhaut entfernt wird. Dann das Beerenpüree über dem Wasserbad erhitzen, Joghurt und Butter zugeben und alles verrühren. Die weiße Kuvertüre hacken und in der Beerenmasse bei niedriger Temperatur unter häufigem Rühren schmelzen (aufpassen, dass das Wasser nicht zu heiß wird). Die Masse auf Zimmertemperatur abkühlen lassen und in einen Spritzbeutel mit feiner Lochtülle füllen.

2 Die Hohlkörper oder Pralinenschalen mit der Blaubeer-Joghurt-Masse füllen. Dann ca. 1 Stunde in den Kühlschrank oder 30 Minuten ins Gefrierfach stellen. Falls Hohlkörper verwendet wurden, die Zartbitterkuvertüre über dem heißen Wasserbad schmelzen, etwas abkühlen lassen und die Pralinenhohlkörper damit verschließen. Nochmals ca. 30 Minuten kühlen.

3 Die restliche weiße Kuvertüre schmelzen, abkühlen lassen und in feinen Streifen auf die Pralinen spritzen. Erneut im Kühlschrank oder Gefrierfach fest werden lassen, dann gut gekühlt genießen. Kühl lagern.

• ON THE WAY •

ENERGIEBOOSTER FÜR UNTERWEGS

FALAFEL
MIT KNOBLAUCHSOSSE

Für die Falafeln:

250 g getrocknete Kichererbsen

1 kleine Zwiebel

1 Knoblauchzehe

4 Stängel glatte Petersilie

1 Eigelb

2 EL Semmelbrösel

¼ TL Backpulver

Je ¼ TL gemahlene(r) Kurkuma,
Kreuzkümmel, Bockshornklee

¼ TL Chilipulver

¼ TL Paprikapulver (edelsüß)

Salz, frisch gemahlener Pfeffer

Für die Knoblauchsoße:

4 Knoblauchzehen

1 Schalotte

½ rote Chilischote

4 Stängel Minze

300 g Naturjoghurt

75 g Mayonnaise

Salz, Pfeffer

Außerdem:

ca. 1 l neutrales Pflanzenöl

1 Für die Falafeln die Kichererbsen mindestens 12 Stunden in reichlich kaltem Wasser einweichen, dabei das Wasser öfter wechseln. Anschließend in ein Sieb abgießen, gründlich abspülen und abtropfen lassen. Zwiebel und Knoblauch schälen und würfeln. Die Petersilie abbrausen, trocken schütteln und hacken. Alle vorbereiteten Zutaten (ggf. mit 1–2 EL Wasser) in einem leistungsstarken Mixer fein pürieren, dabei die Masse immer wieder von den Wänden des Mixers nach unten streichen. Anschließend mit Eigelb, Semmelbröseln, Backpulver und Gewürzen glatt rühren. Die Falafelmasse mit ca. 1,5 TL Salz und 2–3 Prisen Pfeffer kräftig abschmecken und mindestens 45 Minuten kalt stellen.

2 Inzwischen für die Knoblauchsoße den Knoblauch schälen und sehr fein hacken oder durch die Presse drücken. Die Schalotte schälen und ebenfalls fein hacken. Die Chili waschen, putzen, von Samen befreien und in feine Ringe schneiden. Die Minze abbrausen, trocken schütteln und die Blättchen fein hacken. Alle vorbereiteten Zutaten mit Joghurt und Mayonnaise verrühren und mit Salz und Pfeffer abschmecken.

3 Aus der Falafelmasse mit angefeuchteten Händen 2 cm große Bällchen formen. Das Öl in einem Topf auf ca. 170 °C erhitzen. Es ist heiß genug, wenn an einem hineingesteckten Holzstäbchen sofort Bläschen aufsteigen. Maximal fünf Falafeln auf einmal in ca. 2 Minuten von allen Seiten goldbraun frittieren, dabei die Bällchen leicht in Bewegung halten. Auf Küchenpapier abtropfen lassen.

4 Die fertigen Falafeln mit Knoblauchsoße und nach Belieben mit Pitabrot oder Salat servieren.

MEDITERRANE BREZELN

FÜR 8 STÜCK

Für den Vorteig:

75 g Weizenmehl (Type 550)

1 g frische Hefe

Für den Teig:

200 g Weizenmehl (Type 550)

50 g Weizenvollkornmehl

75 ml kaltes Wasser

50 ml kalte Milch

20 ml Olivenöl

10 g frische Hefe

5 g Salz

1 TL Honig

1 Eigelb

1 TL getrockneter Thymian

1 TL getrockneter Oregano

100 g Natron

Außerdem:

Mehl für die Arbeitsfläche

geriebener Mozzarella zum
Bestreuen

1   Für den Teig alle Zutaten bis auf das Natron mit dem Vorteig auf kleiner Stufe ca. 5 Minuten verkneten, dann bei größerer Geschwindigkeit in 3 Minuten zu einem glatten Teig verarbeiten. Falls nötig, noch etwas Mehl oder Wasser zufügen. Den Teig mit Frischhaltefolie abgedeckt ca. 45 Minuten gehen lassen. Dann auf der leicht bemehlten Arbeitsfläche kräftig durchkneten und erneut abgedeckt ca. 45 Minuten gehen lassen.

2   Den Teig in acht gleich schwere Portionen (à 70 g) teilen und diese zuerst rund wirken, dann zu 20 cm langen Rollen formen. Die Rollen kurz entspannen lassen, dann zu mindestens 35 cm langen Strängen rollen, die an den Enden dünner werden. Die Stränge mit den Enden nach unten auf die Arbeitsfläche legen, dann die Enden zweimal miteinander verdrehen und oben andrücken, sodass die typische Brezelform entsteht. Die Brezeln auf Backpapier legen und abgedeckt ca. 30 Minuten gehen lassen.

3   Die Brezeln ca. 20 Minuten ins Gefrierfach legen, den Backofen auf 210 °C vorheizen. 1 l Wasser aufkochen und mit dem Natron verrühren, dann etwas abkühlen lassen. Die Brezeln mit einem Schaumlöffel nacheinander in die Lauge tauchen, kurz abtropfen lassen und je vier Brezeln auf einem Bogen Backpapier verteilen. Dabei die Brezeln etwas in Form ziehen. Alle Brezeln mit einem Messer an der dicksten Stelle längs einschneiden und mit Mozzarella bestreuen. Jeweils vier Brezeln auf einmal in 12–15 Minuten braun backen.

HANDPIES MIT SPINAT UND SÜSSKARTOFFEL

1 Süßkartoffel (500 g)

100 g Blattspinat

1 Schalotte

2,5 EL Olivenöl

Salz

frisch gemahlener Pfeffer

Chiliflocken nach Belieben

1 TL Butter

1 Prise frisch geriebene Muskatnuss

4 TL gehackte, geröstete Haselnusskerne

1 Rolle Blätterteig
(275 g, Kühlregal)

100 g Ricotta

Außerdem:
1 Eigelb, mit 1 EL Wasser verquirlt

1 Den Backofen auf 200 °C vorheizen und ein Blech mit Backpapier auslegen. Die Süßkartoffel schälen und in 2 cm große Würfel schneiden. Den Spinat verlesen, von groben Stielen befreien, waschen und trocken schleudern. Die Schalotte schälen und fein würfeln.

2 Die Süßkartoffelwürfel auf dem Blech mit 2 EL Olivenöl vermengen und mit Salz, Pfeffer und nach Belieben Chiliflocken würzen. Dann in ca. 25 Minuten weich und goldbraun rösten. Den Ofen eingeschaltet lassen, ein zweites Blech mit Backpapier belegen. Die fertig gegarten Süßkartoffelwürfel mit einem Kartoffelstampfer oder einer Gabel grob zerdrücken.

3 Inzwischen das restliche Öl mit der Butter in einem Topf erhitzen und die Schalotte darin ein paar Minuten anschwitzen. Den Spinat zugeben, kurz mitdünsten und zusammenfallen lassen. Die Mischung mit Salz, Pfeffer und Muskat würzen und mit den gehackten Haselnüssen vermengen.

4 Den Blätterteig auf der Arbeitsfläche entrollen und daraus acht Kreise (ø 10 cm) ausstechen. Jeweils die Ränder mit etwas Eigelbmischung bepinseln. Auf die untere Hälfte 1 gehäuften TL Süßkartoffelstampf, etwas Spinatmischung und ½ TL Ricotta geben. Dabei den Rand aussparen und die Handpies nicht zu üppig füllen, damit sie sich gut verschließen lassen. Die obere Hälfte über die Füllung klappen und mit einer Gabel andrücken. Die Handpies mit dem restlichen Eigelb bepinseln. In ca. 20 Minuten goldbraun backen. Vor dem Servieren mindestens 10 Minuten abkühlen lassen. Ggf. übrig gebliebene Füllung und Ricotta dazu reichen.

TEX-MEX-WRAPS

FÜR 6 KLEINE WRAPS

3 Tomaten

1 kleine rote Chilischote

1 Schalotte

100 g Kidneybohnen (Dose)

100 g Mais (Dose)

1 kleine grüne Chilischote

2 reife Avocados

Saft von 1 kleinen Limette

3 EL Olivenöl

Salz

frisch gemahlener Pfeffer

250 g Rinderhackfleisch

2 EL Tomatenmark

ca. 100 ml Rinderbrühe

1 Prise Zucker

Außerdem:

6 Romanasalatblätter

6 kleine Weizentortillas

6 gehäufte EL geriebener
Cheddar

1 Tomaten und rote Chili putzen und würfeln bzw. fein hacken. Die Schalotte schälen und fein würfeln. Bohnen und Mais in ein Sieb abgießen und gut abtropfen lassen. Die grüne Chili putzen und in feine Ringe schneiden. Die Avocados halbieren, entkernen, das Fruchtfleisch aus den Schalen lösen und in eine Schüssel geben. Sofort Limettensaft und 2 EL Olivenöl unterrühren und die Avocados mit einer Gabel fein zerdrücken. Die grüne Chili untermischen und die Guacamole mit Salz und Pfeffer abschmecken.

2 Das restliche Öl in einer Pfanne erhitzen und das Hackfleisch darin in ein paar Minuten bei hoher Temperatur krümelig braten. Die Temperatur reduzieren, Schalotte und rote Chili zufügen und einige Minuten unter Rühren anschwitzen. Das Tomatenmark untermischen und anrösten, dann mit der Brühe ablöschen. Tomaten zufügen und alles 5–10 Minuten offen einköcheln lassen. Mit Salz, Pfeffer und Zucker würzig abschmecken, Bohnen und Mais untermengen und kurz in der Pfanne erhitzen.

3 Die Salatblätter waschen, trocken schleudern und in Stücke zupfen. Eine zweite Pfanne erwärmen und eine Tortilla hineinlegen. 1 gehäuften Esslöffel Cheddar in der Mitte verteilen und kurz anschmelzen lassen (die Tortilla nicht länger als 2 Minuten erwärmen, sonst wird sie hart und lässt sich nicht mehr gut rollen). Die Tortilla aus der Pfanne nehmen und 2 EL Hackmischung auf dem Käse verteilen, etwas Guacamole daraufgeben und ein paar Salatstreifen darüberstreuen. Dann die unteren Seiten nach oben klappen und die linke und rechte Seite darüberschlagen. Mit den übrigen Tortillas ebenso verfahren.

KÜRBISKERN-KÄSE-STANGEN

FÜR 12–14 KLEINE STANGEN

120 g Bergkäse

110 g Mehl (Type 405)

80 g saure Sahne

60 g kalte Butter

½ TL Salz

Cayennepfeffer

½ TL Paprikapulver (edelsüß)

Außerdem:

Mehl für die Arbeitsfläche

1 Eigelb, mit 1 EL Milch verquirlt

2 Handvoll Kürbiskerne zum Bestreuen

1 Den Käse fein reiben und mit Mehl, saurer Sahne, kalter Butter in Stückchen, Salz, 1 kräftigen Prise Cayennepfeffer und Paprikapulver mit den Händen rasch zu einem Mürbeteig verkneten. Den Teig in Frischhaltefolie wickeln und 30 Minuten kalt stellen.

2 Ein Backblech mit Backpapier auslegen. Den Backofen auf 180 °C vorheizen. Den Teig in zwei Portionen auf der leicht bemehlten Arbeitsfläche ca. 3 mm dünn zu einem Rechteck ausrollen (je ca. 25 x 18 cm) und mit einem Messer in ca. 2,5 cm breite und 25 cm lange Streifen schneiden. Die Teigstreifen in sich verdrehen und auf das Blech legen.

3 Die Stangen mit der Eigelbmischung bestreichen, mit Kürbiskernen bestreuen und diese leicht in den Teig drücken. Im heißen Ofen in 15–18 Minuten goldbraun backen. Die fertigen Stangen auf dem Blech abkühlen lassen, dabei härten sie noch etwas nach.

KERNIGE BUTTER-MILCH-KNÄCKEBROT-CHIPS

FÜR 2 BLECHE

150 g Weizenvollkornmehl

75 g Roggenmehl

¼ TL Salz

50 g kalte Butter

100 ml Buttermilch

2–3 EL Sonnenblumenkerne

3 TL helle Sesamsamen

3 TL Chiasamen

Fleur de Sel

Außerdem:

Mehl für die Arbeitsfläche

1 Beide Mehle mit dem Salz in einer Schüssel mischen. Butter in Stückchen zufügen und mit der Mehlmischung krümelig reiben. Dann die Buttermilch zugeben und alles mit den Händen zu einem glatten Teig verkneten. Ist er zu trocken, etwas kaltes Wasser untermengen.

2 Den Backofen auf 200 °C Umluft (Ober-/Unterhitze 225 °C) vorheizen. Zwei Bleche mit Backpapier auslegen. Den Teig in mehreren Portionen auf der leicht bemehlten Arbeitsfläche so dünn wie möglich ausrollen und daraus Kreise (ø 5–7 cm) ausstechen. Teigreste immer wieder verkneten und erneut ausrollen, bis der komplette Teig verarbeitet ist.

3 Die Teigkreise auf den Blechen verteilen und mehrfach mit einer Gabel einstechen. Dann mit ein wenig Wasser bepinseln, mit Sonnenblumenkernen, Sesam- und Chiasamen und Fleur de Sel bestreuen und die Kerne und Samen mit den Händen leicht in den Teig drücken. Die Bleche in den heißen Ofen schieben und die Knäckebrot-Chips in 10–12 Minuten knusprig backen. Auskühlen lassen und genießen.

DIY-SNICKERS

Für die Schokoladenschicht:

200 g Vollmilchschokolade

100 g Zartbitterschokolade

50 g cremige Erdnussbutter

½ TL Kokosöl

Für die Erdnussfüllung:

60 g Zucker

1 Eiweiß

¼ TL Backpulver

1 Pck. Vanillezucker

60 g Puderzucker

125 g gesalzene Erdnusskerne

30 ml Kondensmilch

30 g Butter

60 g brauner Zucker

35 g Erdnussbutter

Für die Karamellschicht:

100 ml Sahne

50 g brauner Zucker

50 g weißer Zucker

1 EL Butter

Außerdem:

1 quadratische Form (24 cm)

1 Für die Schokoladenschicht die Form mit Frischhaltefolie auskleiden. 75 g Vollmilch- und 50 g Zartbitterschokolade mit 25 g Erdnussbutter und ¼ TL Kokosöl über dem heißen Wasserbad schmelzen. Die Mischung in der Form glatt streichen und 20 Minuten ins Gefrierfach stellen.

2 Für die Erdnussfüllung den Zucker mit 60 ml Wasser in einen kleinen Topf geben, verrühren und aufkochen. Die Mischung in ca. 10 Minuten zu Sirup einkochen lassen. Das Eiweiß halbsteif schlagen, Backpulver und Vanillezucker zufügen und weiterschlagen, bis ein steifer Eischnee entsteht. Dann den heißen Sirup unter ständigem Schlagen einlaufen lassen, den Puderzucker zugeben und alles in weiteren 5 Minuten cremig rühren. Beiseitestellen.

3 Die Erdnüsse grob hacken. In einem Topf Kondensmilch, Butter und Zucker aufkochen und kurz karamellisieren lassen. Die Erdnussbutter einrühren, dann die Eiweißmischung und die Erdnüsse zügig unterheben. Die Füllung rasch auf der Schokoladenschicht glatt streichen. Die Form für weitere 30 Minuten in das Gefrierfach stellen.

4 Für die Karamellschicht Sahne, Zucker und Butter in einem kleinen Topf aufkochen. Die Temperatur reduzieren und die Mischung unter gelegentlichem Rühren in mindestens 15 Minuten dicklich einköcheln. Am Ende stetig rühren, da die Karamellsoße sehr schnell anbrennt. Kurz abkühlen lassen, dann die Karamellschicht auf der Erdnussschicht verteilen und in 15 Minuten im Gefrierfach fest werden lassen. Die Snickersmasse aus der Form lösen und mit einem scharfen Messer in Riegel schneiden.

5 Die restliche Schokolade mit Erdnussbutter und Kokosöl schmelzen und die Riegel damit auf einem Abtropfgitter überziehen. Fest werden lassen und genießen. Kühl lagern.

MACADAMIA-ECKEN

FÜR CA. 30 ECKEN

Für den Teig:

100 g weiche Butter

85 g Zucker

1 Pck. Vanillezucker

1 Ei

1 Eigelb

200 g Mehl

1 TL Backpulver

¼ TL gemahlener Zimt

Für die Nussmasse:

125 g gesalzene, geröstete Macadamianüsse

125 g Butter

125 g Zucker

1 Prise gemahlener Zimt

125 g blanchierte gemahlene Mandeln

Außerdem:

leistungsstarker Mixer

weiche Butter für das Blech

Mehl für die Arbeitsfläche

ca. 125 g Erdbeerkonfitüre (ohne Stückchen) zum Bestreichen

200 g weiße Kuvertüre

1 Für den Teig Butter, Zucker und Vanillezucker in einer Schüssel cremig rühren. Ei und Eigelb untermischen. Das Mehl mit Backpulver und Zimt vermengen, zugeben und alles zu einem glatten Teig verkneten. Den Teig zu einer Kugel formen, in Frischhaltefolie wickeln und 30 Minuten kalt stellen.

2 Für die Nussmasse die Macadamias im Mixer fein mahlen. Dabei die Nüsse immer wieder mit dem Teigschaber von der Wand des Mixers nach unten schieben. Butter, Zucker, Zimt und 2 EL Wasser kurz in einem Topf aufkochen, bis sich der Zucker aufgelöst hat. Die gemahlenen Macadamias und die Mandeln zugeben und alles gut verrühren.

3 Den Backofen auf 190 °C vorheizen, das Backblech mit Butter fetten. Den Teig auf der bemehlten Arbeitsfläche sehr dünn ausrollen und das Blech damit komplett auslegen. Den Teig mit einer Gabel mehrmals einstechen und dünn mit Erdbeerkonfitüre bestreichen. Die Nussmasse gleichmäßig darauf verteilen. Das Blech in den Ofen schieben und den Teig in 15–18 Minuten goldbraun backen.

4 Herausnehmen und den Teig noch heiß zunächst in gleich große Quadrate (ca. 10 cm), dann in Dreiecke schneiden (am besten nimmt man dazu ein scharfes, dünnes Messer, das nach jedem Schnitt in kochend heißes Wasser getaucht wird). Die Macadamia-Ecken abkühlen lassen. Die Kuvertüre über dem heißen Wasserbad schmelzen und die Dreiecke damit an den zwei langen Ecken bepinseln. Die Kuvertüre fest werden lassen.

MILCHSCHNITTE
MAL ANDERS

FÜR 12 SCHNITTEN

Für den Boden:

4 Eier

65 g Zucker

1 Pck. Bourbon-Vanillezucker

65 g Mehl

2 TL Backpulver

30 g Kakaopulver

Für die Creme:

5 Blatt Gelatine

330 ml Milch

2 Pck. Bourbon-Vanillezucker

1 Eiweiß

1 Prise Salz

65 g Puderzucker

175 ml Sahne

Außerdem:

1 quadratische Backform (24 cm)

1 eckiger Backrahmen

30 g Zartbitter- oder Vollmilch-schokolade

1 Den Backofen auf 180 °C vorheizen und die Form sorg-fältig mit Backpapier auslegen. Für den Boden Eier, Zucker und Vanillezucker in ca. 5 Minuten schaumig schlagen. Mehl, Backpulver und Kakao vermengen und zügig unter-heben. Den Teig in die Form füllen und im heißen Ofen ca. 15 Minuten backen. Anschließend den Boden abkühlen lassen, aus der Form lösen, auf einen Kuchenteller legen und den Backrahmen darum herumstellen.

2 Inzwischen für die Creme die Gelatine 5 Minuten in kaltem Wasser einweichen. 100 ml Milch mit Vanillezucker aufkochen, den Topf vom Herd nehmen und die Flüssigkeit etwas abkühlen lassen. Die Gelatine ausdrücken und in der noch heißen Milchmischung auflösen. Die restliche Milch unterrühren, alles in eine Schüssel umfüllen und im Kühl-schrank in 20 Minuten leicht gelieren lassen. Das Eiweiß mit dem Salz steif schlagen, dabei langsam den Puderzu-cker einrieseln lassen. Die Sahne steif schlagen und unter die gelierende Creme rühren, dann den Eischnee untermi-schen, bis eine glatte Mousse entstanden ist.

3 Die Mousse auf dem Schokoboden glatt verstreichen und die Form mindestens 2,5 Stunden in den Kühlschrank stellen. Die Schokolade in Späne hobeln oder fein reiben und auf dem Kuchen verteilen. Den Backrahmen entfer-nen und den Kuchen mit einem scharfen (am besten mehr-mals in heißes Wasser getauchten) Messer in 12 Schnitten schneiden. Gekühlt servieren.

AMARANT-KARAMELL-KONFEKT

175 g Zucker

100 g Butter

100 ml Sahne

100 ml ungesüßte Kondensmilch
(8 % Fett)

1 EL Honig

1 kräftige Prise Salz

60 g weiße Schokolade

15 g gepuffter Amarant

Außerdem:

25–30 kleine Pralinenförmchen

1 Zucker, Butter, Sahne, Kondensmilch, Honig und Salz in einen weiten Topf geben und erhitzen. Die Masse unter Rühren aufkochen, dann die Temperatur reduzieren und die Karamellmischung bei schwacher Hitze ca. 40 Minuten offen köcheln lassen, bis sie eingedickt und zähflüssig ist. Dabei häufig umrühren und die Hitze immer weiter herunterschalten, je stärker die Masse eindickt. Den Herd ausschalten.

2 Die weiße Schokolade hacken und im heißen, aber nicht mehr köchelnden Karamell unter Rühren schmelzen. Die Konfektmasse 5 Minuten abkühlen lassen, anschließend mit den Rührhaken des Handrührgeräts cremig und etwas heller schlagen. 12 g Amarant untermischen. Die Konfektmasse in einen Spritzbeutel mit großer Lochtülle füllen und zügig in die Pralinenförmchen spritzen. Dann sofort mit dem restlichen Amarant bestreuen und komplett auskühlen lassen.

· AFTER WORK ·

LECKEREIEN FÜR COUCH-POTATOES

STEAK SANDWICH MIT PINIENKERNSALSA

FÜR 4 SANDWICHES

2 Rump- oder Filetsteaks
(à 180–200 g)

80 g Rucola

1 Schalotte

120 g geröstete Paprikaschoten
(aus dem Glas oder selbst gemacht,
siehe Rezept auf S. 32)

25 g Pinienkerne

1 Knoblauchzehe

3 EL Olivenöl + etwas extra zum
Beträufeln

1 EL Balsamicoessig

1 TL Honig

Salz

frisch gemahlener Pfeffer

50 g Parmesan

4 Panini (alternativ Ciabatta-
brötchen)

Außerdem:
3 EL neutrales Pflanzenöl
zum Braten

1 Die Steaks mindestens 30 Minuten vor dem Braten Zimmertemperatur annehmen lassen. Den Rucola verlesen, waschen und trocken schleudern. Die Hälfte davon fein hacken. Die Schalotte schälen und ebenfalls fein hacken. Die Paprika abtropfen lassen und fein würfeln. Die Pinienkerne in einer Pfanne ohne Fett unter gelegentlichem Wenden goldbraun rösten, dann hacken und mit Rucola, Schalotte und Paprika in eine Schüssel geben. Den Knoblauch schälen und dazupressen. Das Olivenöl mit Balsamico und Honig verrühren und mit Salz und Pfeffer abschmecken. Mit der Pinienkernsalsa vermengen. Den Parmesan hobeln und beiseitestellen.

2 Den Backofen auf 220 °C mit zugeschalteter Grillfunktion vorheizen, ein Backblech mit Backpapier auslegen. Die Panini aufschneiden und auf dem Blech verteilen. Die Schnittflächen mit etwas Olivenöl beträufeln und die Brötchen in ca. 4 Minuten knusprig rösten. Anschließend die unteren Paninihälften mit den ganzen Rucolablättern belegen.

3 Inzwischen die Steaks trocken tupfen und salzen. Eine Pfanne mit dem Öl bei mittlerer bis hoher Temperatur erhitzen, die Steaks hineingeben und pro Seite je nach Dicke 1,5–2,5 Minuten scharf anbraten. Von beiden Seiten mit Pfeffer würzen. Die Steaks in Alufolie wickeln und 5 Minuten ruhen lassen. Dann in dünne Streifen schneiden und auf dem Rucola anrichten. Die Salsa darauf verteilen, alles mit Parmesan bestreuen und die oberen Paninihälften obenauf legen.

DIY-NACHOS
MIT KÄSESOSSE

FÜR 2 BLECHE

Für die Nachos:

185 g Maismehl

150 g Weizenmehl

50 g Maisgrieß

8 EL Olivenöl

Salz

1 TL Paprikapulver (edelsüß)

¼ TL Cayennepfeffer

Für die Käsesoße:

100 ml Milch

50 ml Sahne

1 TL Harissa

½ TL Salz

½ TL Paprikapulver (edelsüß)

1 Prise geriebene Muskatnuss

200 g geriebener Cheddar

1 TL weißer Balsamicoessig

frisch gemahlener Pfeffer

Außerdem:

Maismehl für die Arbeitsfläche

1 Für die Nachos Maismehl, Mehl und Maisgrieß mit 250 ml Wasser, 2 EL Olivenöl und ½ TL Salz in eine Schüssel geben und mindestens 5 Minuten zu einem geschmeidigen Teig verkneten. Ist er zu klebrig, noch etwas Mehl zugeben. Ist er zu trocken, etwas Wasser untermengen.

2 Den Teig in acht gleich schwere Portionen teilen (à ca. 80 g) und diese auf der leicht bemehlten Arbeitsfläche zu dünnen Fladen (ø ca. 22 cm) ausrollen. Die Fladen in einer heißen Pfanne ohne Fett von beiden Seiten bei mittlerer bis hoher Temperatur in ca. 2 Minuten goldbraun backen. Die Tortillas anschließend in Dreiecke schneiden.

3 Den Backofen auf 200 °C Umluft vorheizen, zwei Bleche mit Backpapier auslegen. 6 EL Olivenöl mit ½ TL Salz, Paprikapulver und Cayennepfeffer verrühren und die Dreiecke damit dünn von beiden Seiten bepinseln. Dann auf den Blechen verteilen und in ca. 8 Minuten knusprig backen. Aufpassen, dass die Chips nicht zu dunkel werden.

4 Für die Käsesoße Milch, Sahne, Harissa, Salz und Gewürze in einem Topf erhitzen. Den Cheddar zugeben und unter Rühren schmelzen lassen. Die Soße kurz köcheln lassen, dann mit Essig und Pfeffer abschmecken. Etwas abkühlen lassen, auf Schälchen verteilen und zum Dippen zu den Nachos servieren.

SESAM-FISCHLIS

FÜR 2 BLECHE

200 g Weizenmehl

60 g Dinkelmehl

½ TL Salz

160 ml lauwarmes Wasser

8 g frische Hefe

½ TL Zucker

2 EL Olivenöl

50 g geriebener Parmesan

Außerdem:

Mehl für die Arbeitsfläche

Olivenöl zum Bepinseln

Sesamsamen zum Bestreuen

1 Beide Mehlsorten mit dem Salz in einer Schüssel vermischen, in der Mitte eine Mulde formen. 80 ml lauwarmes Wasser mit der zerbröselten Hefe und dem Zucker verrühren und in die Mulde gießen. Etwas Mehl vom Rand einrühren, die Schüssel abdecken und den Vorteig 20 Minuten gehen lassen.

2 Öl, Parmesan und weitere 80 ml lauwarmes Wasser zugeben und alles zu einem homogenen und geschmeidigen Teig verkneten. Sollte der Teig zu trocken sein, etwas mehr Wasser unterkneten. Den Teig zurück in die Schüssel geben, abdecken und erneut 20 Minuten gehen lassen.

3 Den Backofen auf 200 °C vorheizen und zwei Bleche mit Backpapier auslegen. Den Teig portionsweise auf der leicht bemehlten Arbeitsfläche 3–4 mm dick ausrollen und daraus mit einem scharfen Messer oder einer kleinen Fisch-Ausstechform ca. 2,5 cm große Fische ausschneiden oder -stechen. Die Fische mit etwas Abstand auf den Blechen verteilen, mit Olivenöl bepinseln und mit Sesam bestreuen. Die Fischlis nacheinander in 10–12 Minuten goldbraun backen, aus dem Ofen nehmen, auf den Blechen abkühlen lassen und drauflos knabbern.

· TIPP ·

Wer nicht genug Muße zum Fischeausstechen oder -ausschneiden hat, kann den Teig auch einfach in kleine Rechtecke schneiden. Schmeckt genauso gut!

PIDE MIT FETA

FÜR 6 PIDE

Für den Teig:

500 g Weizenmehl

1 gestrichener TL Salz

15 g frische Hefe

175 ml lauwarmes Wasser

1 Prise Zucker

2 EL Olivenöl

2 EL griechischer Joghurt

Für den Belag:

1 große rote Zwiebel

2 Knoblauchzehen

1 große gelbe Paprikaschote

1 grüne Chilischote

4 große Strauchtomaten

6 Stängel Petersilie

300 g Lammhackfleisch

85 g Tomatenmark

1–2 TL Harissa

Salz, Pfeffer

Je ¼ TL Oregano, Sumach, Paprikapulver und gemahlener Kreuzkümmel

1 Prise gemahlener Zimt

Außerdem:

150 g Feta

1 Eigelb, mit 2 EL Wasser verquirlt

1 Für den Teig Mehl und Salz in einer Schüssel vermengen. In der Mitte eine Mulde formen. Die Hefe in dem lauwarmen Wasser auflösen und mit dem Zucker in die Mulde gießen. Olivenöl und Joghurt zugeben und alles in ca. 7 Minuten zu einem elastischen Teig verkneten. Ist er zu trocken, noch etwas Wasser zugeben, ist er zu klebrig, noch etwas Mehl einarbeiten. Den Teig mit Frischhaltefolie abdecken und 1,5 Stunden gehen lassen.

2 Währenddessen für die Füllung Zwiebel und Knoblauch schälen und sehr fein würfeln. Paprika, Chili und Tomaten putzen und ebenfalls fein würfeln. Die Petersilie abbrausen, trocken schütteln und die Blättchen fein hacken. Das Hackfleisch in einer Schüssel mit den vorbereiteten Zutaten, Tomatenmark, Harissa und den Gewürzen vermengen. Erneut mit Salz und Pfeffer abschmecken und die Hackmasse bis zur Weiterverwendung kalt stellen.

3 Den Backofen auf 200 °C vorheizen und zwei Bleche mit Backpapier auslegen. Den Teig in sechs gleich schwere Portionen (à ca. 120 g) teilen und diese auf der leicht bemehlten Arbeitsfläche zunächst zu Kugeln, dann zu 25–30 cm langen und 15–18 cm breiten Fladen formen. Je drei Fladen auf ein Backblech legen. Die Hackmischung auf den Fladen verteilen, dabei einen 2,5–3 cm großen Rand aussparen. Den Feta zerbröseln und auf die Hackmischung streuen. Die langen Seiten der Teigfladen über die Füllung klappen und leicht andrücken, die Enden gut zusammendrücken, sodass Schiffchen entstehen. Die Ränder mit der Eigelbmischung bepinseln.

4 Die Bleche nacheinander je ca. 20 Minuten in den Ofen schieben, bis die Pide knusprig und goldbraun sind. Entweder noch warm oder kalt servieren.

80

SUPERFOOD-CRACKER MIT PAPRIKADIP

FÜR CA. 36 CRACKER

Für die Cracker:

50 g Amarant-Pops

50 g gemahlene Mandeln

30 g Cashewkerne

20 g Chiasamen

2 EL Sonnenblumenkerne

1 Prise Salz

½ TL Paprikapulver

2 Eier

Für den Dip:

1 kleine rote Paprikaschote

1 kleine gelbe Paprikaschote

200 g Joghurt-Frischkäse

2 TL Zitronensaft

2 TL Tomatenmark

1 TL Honig

1 TL getrockneter Oregano

Salz

frisch gemahlener Pfeffer

1 Prise Paprikapulver

Außerdem:

leistungsstarker Mixer

Meersalz zum Bestreuen

1 Für die Cracker den Backofen auf 190 °C vorheizen und ein Blech mit Backpapier auslegen. Alle trockenen Zutaten in einen leistungsstarken Mixer geben und zu feinem Mehl mahlen. Das Superfood-Mehl mit den Eiern verrühren. Den Teig direkt auf dem Backblech unter Frischhaltefolie mit einem Teigroller so dünn wie möglich ausrollen, mit Meersalz bestreuen und in ca. 4 cm große Quadrate schneiden.

2 Die Cracker 12 Minuten auf der mittleren Schiene backen, dann das Blech auf die zweite Schiene von oben setzen und die Cracker in 3–5 Minuten fertig backen. Aufpassen, dass sie nicht zu dunkel werden. Auf dem Blech komplett auskühlen lassen.

3 Für den Dip die Paprikas waschen, putzen, von Stielansätzen, Samen und Scheidewänden befreien und fein würfeln. Den Frischkäse mit Zitronensaft, Tomatenmark, Honig, Oregano, Salz, Pfeffer und Paprikapulver verrühren. Die Paprikawürfel unterheben.

4 Die Cracker mit dem Dip servieren.

GEMÜSECHIPS

FÜR 2 BLECHE

250 g Süßkartoffel

2 Knollen Rote Bete

2 EL Olivenöl

Salz

frisch gemahlener Pfeffer

¼ TL gemahlener Kreuzkümmel

¼ TL Paprikapulver (edelsüß)

Chilipulver nach Belieben

Außerdem:

Olivenöl fürs Blech

1 Den Backofen auf 175 °C Umluft vorheizen und zwei Bleche mit Backpapier auslegen. Die Süßkartoffel schälen und mit einem Gemüsehobel oder einem sehr scharfen Messer in hauchdünne Scheiben schneiden. Die Rote Bete waschen, putzen, gut trocknen und die beiden Enden abschneiden. Dann am besten mit Einmalhandschuhen ebenfalls in hauchdünne Scheiben schneiden oder hobeln.

2 Das Öl mit etwas Salz und Pfeffer, Kreuzkümmel, Paprika- und Chilipulver verrühren. Die Bleche mit möglichst wenig Olivenöl dünn bepinseln, die Gemüsescheiben nebeneinander auf den Blechen verteilen. Die Oberseite der Chips ebenfalls dünn mit der Ölmischung einpinseln. Je weniger Öl an den Gemüsescheiben haftet, desto knuspriger werden sie (man kann das Öl auch in eine Sprühflasche füllen und Bleche und Gemüsescheiben damit benetzen, dadurch werden die Chips besonders kross).

3 Die Bleche am besten nacheinander ca. 20 Minuten – je nach Dicke der Chips – in den Ofen geben (sollten die Chips dann noch zu feucht sein, wenden, trocken tupfen und ein paar weitere Minuten backen). Während des gesamten Backvorgangs die Ofentür häufiger öffnen, damit der Dampf entweichen kann. Aufpassen, dass die Chips nicht verbrennen. Nach der Hälfte der Zeit die Chips wenden und mit Küchenpapier leicht trocken tupfen. Anschließend auskühlen lassen (dabei härten sie noch nach) und am besten sofort genießen.

PIZZASCHNECKEN

FÜR 15–20 SCHNECKEN

1 Rolle Blätterteig (275 g, Kühlregal)

70 g kleine Cabanossi

1 kleine Schalotte

1 kleine rote Paprikaschote

2 EL schwarze Oliven nach Belieben

180 g Crème fraîche

70 g Tomatenmark

Salz

frisch gemahlener Pfeffer

1 Prise Zucker

1 Prise Chilipulver

½ TL getrockneter Oregano

½ TL getrockneter Thymian

75 g Schinkenwürfel

100 g geriebener Mozzarella

1 Eigelb, mit 1 EL Wasser verquirlt

1 Den Backofen auf 210 °C vorheizen und ein Backblech mit Backpapier auslegen. Den Blätterteig auseinanderrollen. Die Cabanossi in möglichst dünne Scheibchen schneiden. Die Schalotte schälen und fein würfeln. Die Paprika waschen, putzen, von Stielansatz, Samen und Scheidewänden befreien und ebenfalls sehr fein würfeln. Die Oliven (falls verwendet) abtropfen lassen, längs halbieren und quer in dünne Halbringe schneiden.

2 Crème fraîche und Tomatenmark in einer Schüssel verrühren und mit Salz, Pfeffer, Zucker, Chilipulver und Kräutern abschmecken. Schinkenwürfel, Cabanossi, Schalotte, Paprika und geriebenen Mozzarella unterheben. Die Masse erneut mit Salz und Pfeffer abschmecken, dann auf dem Blätterteig verstreichen. Dabei rundherum einen 2 cm breiten Rand frei lassen. Den Teig von der langen Seite aus eng aufrollen, die „Naht" gut festdrücken. Die Rolle vorsichtig mit einem scharfen Messer in ca. 1,5 cm dicke Scheiben schneiden und diese mit genügend Abstand auf dem Blech verteilen.

3 Die Schnecken mithilfe eines Esslöffels etwas zusammendrücken und in Form bringen, sodass sie eine glatte Oberfläche haben, und die Ränder mit dem Eigelb bestreichen. In 20–24 Minuten goldbraun backen.

· TIPP ·

Wer die Schnecken näher beieinander platziert, kreiert eine hübsche Pizzablume, die einzelnen „Blätter" können dann zum Genießen abgezupft werden.

FLAMMKUCHENRAUTEN

FÜR 1 BLECH

Für den Teig:

200 g Weizenmehl

40 g Weizenvollkornmehl

2 EL Olivenöl

½ TL Salz

Für den Belag:

150 g braune Champignons

1 kleine rote Zwiebel

2 Stängel Thymian

40 g Walnusskerne

80 g Gruyère

200 g Crème fraîche

Salz

frisch gemahlener Pfeffer

Außerdem:

Mehl für die Arbeitsfläche

Olivenöl zum Beträufeln

1 Für den Teig beide Mehle mit 125 ml Wasser, Olivenöl und Salz in eine Schüssel geben und mit den Knethaken des Handrührgeräts zu einem elastischen Teig verkneten. Sollte der Teig zu trocken sein, teelöffelweise Wasser einarbeiten. Den Teig 20 Minuten abgedeckt ruhen lassen.

2 Inzwischen für den Belag die Champignons putzen, trocken abreiben, die Stielenden abschneiden und die Pilzköpfe in dünne Scheiben schneiden. Die Zwiebel schälen, halbieren und in dünne Halbringe schneiden. Den Thymian abbrausen, trocken schütteln und die Blättchen abzupfen. Die Walnüsse fein hacken. Den Gruyère grob reiben oder hobeln.

3 Den Backofen auf 210 °C vorheizen und ein Blech mit Backpapier auslegen. Den Teig auf der bemehlten Arbeitsfläche so dünn wie möglich ausrollen und auf das Backpapier legen. Der Teig sollte das Blech beinahe komplett ausfüllen. Den Teig gleichmäßig mit Crème fraîche bestreichen, dabei einen ca. 2 cm breiten Rand aussparen. Den Flammkuchen mit Pilzen und Zwiebelringen belegen und die Walnüsse und die Hälfte der Thymianblättchen daraufstreuen. Alles mit Salz und Pfeffer würzen und mit etwas Olivenöl beträufeln, dann in 18–22 Minuten im unteren Drittel des Backofens goldbraun und knusprig backen.

4 Den Flammkuchen aus dem Ofen nehmen, mit dem übrigen Thymian und Gruyère bestreuen und mit einem Pizzarad oder einem scharfen Sägemesser in kleine Rauten schneiden. Lauwarm oder kalt servieren.

SPICY NUTS

350 g ungesalzene, ungeröstete
Nusskernmischung (z. B. Walnuss-,
Cashew-, Paranuss-, Haselnuss-
und Pekannusskerne)

1 TL Salz

½ TL gemahlene Kurkuma

¼ TL Pfeffer

¼ TL gemahlener Kreuzkümmel

¼ TL Paprikapulver (rosenscharf)

Chilipulver nach Belieben

100 g Zucker

1 EL Butter

1 Den Backofen auf 180 °C vorheizen und ein Blech mit Backpapier auslegen. Die Nüsse in einer Schüssel vermengen. Salz, Kurkuma, Pfeffer, Kreuzkümmel, Paprika- und Chilipulver nach Belieben zugeben und alles gut vermischen.

2 Den Zucker mit 50 ml Wasser und der Butter in einem kleinen Topf erhitzen, bis Butter und Zucker geschmolzen sind. Dann die Mischung zu den Nüssen geben und alles gut verrühren. Die Nüsse auf dem Blech verteilen, sodass sie möglichst nebeneinander- und nicht übereinanderliegen, und ca. 12 Minuten backen. Dann das Blech aus dem Ofen holen, alles gut durchrühren und die Nüsse in weiteren ca. 5 Minuten fertig backen.

3 Die Spicy Nuts auf einen neuen Bogen Backpapier geben und aneinanderklebende Nüsse mit einem Kochlöffel trennen. Alles abkühlen lassen und entweder sofort servieren oder in einem luftdicht verschlossenen Behälter aufbewahren.

SÜSS-SALZIGES POPCORN MIT VANILLE UND AHORNSIRUP

FÜR 4–6 PORTIONEN

Für das Popcorn:

6 EL Rapsöl

100 g Popcorn-Mais

Für das Topping:

1 Vanilleschote

200 g Zucker

5 EL Ahornsirup

2 EL Butter

1 TL Natron

Außerdem:

Fleur de Sel zum Bestreuen

1 Für das Popcorn das Öl bei mittlerer Temperatur in einem großen Topf erhitzen. Dann die Maiskörner zugeben, den Topf einmal schwenken und verschließen. Sobald die ersten Maiskörner aufpoppen, die Hitze reduzieren und den Topf gelegentlich rütteln.

2 Den Backofen auf 70 °C vorheizen. Zwei Bleche mit Backpapier auslegen. Wenn keine Maiskörner mehr aufpoppen, den Topf vom Herd nehmen. Das Popcorn auf beiden Blechen verteilen, nicht aufgepoppte Körner aussortieren. Das Popcorn im Ofen warm halten.

3 Für das Topping die Vanilleschote aufschlitzen und das Mark auskratzen. Zucker, Vanillemark, Ahornsirup, Butter und 5 EL Wasser in einem großen Topf erhitzen, bis sich der Zucker aufgelöst hat. Dabei nicht umrühren. Dann einmal durchschwenken und bei mittlerer Temperatur den Zucker in ca. 5 Minuten hellbraun karamellisieren lassen. Den Topf vom Herd ziehen und das Natron einrühren. Sobald die Masse leicht zu schäumen beginnt, das Popcorn in den Topf geben. Alles gut vermengen, bis das Popcorn vollständig von der Zuckermasse ummantelt ist.

4 Das Popcorn zügig zurück auf die Bleche geben, sofort mit Fleur de Sel bestreuen und rasch die einzelnen Körner voneinander trennen, damit sie nicht zusammenkleben. Komplett auskühlen lassen und luftdicht aufbewahren.

REGISTER

94

CHRISTIN GEWEKE ist freie Kochbuch-Redakteurin, zuvor war sie als Lektorin in verschiedenen Verlagshäusern tätig. Neben dem Schreiben gehören vor allem das Backen und Kochen zu ihren großen Leidenschaften. Daher steht sie auch in jeder freien Minute in der Küche und tüftelt an neuen Rezepten. Mit Mann, Tochter, Sohn und Katze lebt sie in der Nähe von Celle auf dem Land.

FRAUKE ANTHOLZ ist als freie Food-Fotografin tätig. Am liebsten steht sie selbst in der Küche, kocht, backt und stylt, bevor sie mit viel Liebe zum Detail den Moment einfängt. Ihre Fotografien erscheinen regelmäßig in Magazinen und Büchern. Sie lebt in der Nähe von Kiel und genießt während der Arbeit den entspannten Blick auf Wald und Wiese.

MIX
Papier aus verantwortungsvollen Quellen
FSC® C002795
FSC www.fsc.org

5 4 3 2 1   23 22 21 20 19
ISBN 978-3-88117-189-2

Rezepte: Christin Geweke
Fotos: Frauke Antholz
Layout: Stefanie Wawer, Münster
Satz & Litho: typocepta, Köln

© 2019 Hölker Verlag in der Coppenrath Verlag GmbH & Co. KG,
Hafenweg 30, 48155 Münster, Germany
Alle Rechte vorbehalten, auch auszugsweise

www.hoelker-verlag.de